Inhalt

Medizinethik - Moralisches versus ökonomisches Handeln, Vertrauen versus Kontrolle

Kernthesen

Beitrag

Fallbeispiele

Zahlen und Fakten

Weiterführende Literatur

Impressum

Medizinethik - Moralisches versus ökonomisches Handeln, Vertrauen versus Kontrolle

Anja Schneider

Kernthesen

- In Deutschland wurden die strengen ethischen Regeln in der Transplantationsmedizin missachtet. Mediziner an der Uniklinik Göttingen manipulierten Patientendaten, um schneller an Organe zu kommen.
- Im Sport ist Moral längst eine fragliche Geschichte, auch bei der Olympiade 2012 gab es nachgewiesene Dopingfälle.

- Zunehmend geraten die Medizinethik und die Gesundheitsökonomie in Konflikt miteinander.

Beitrag

Die moderne Medizin braucht verlässliche ethische Normen und deren Einhaltung

Wie soll ich mich verhalten? Was soll ich in einer bestimmten Situation tun? Welches Handeln ist richtig, verantwortbar? Wer setzt die Normen, wer bewertet ihre Einhaltung? Um die Antwort auf diese Fragen geht es bei der Ethik. Sie befasst sich mit den moralischen Grundsätzen des menschlichen Handelns. Die medizinische Ethik beschäftigt sich mit den Normen, die im Gesundheitswesen gelten sollen. Das Gebiet ist weit, die Themen komplex. Die Ethiker beschäftigen sich mit Babyklappen, anonymer Geburt, Humanbiobanken, Präimplantationsdiagnostik, Beschneidung, Selbstbestimmung, Patientenverfügungen und Demenz, Intersexualität, Sterbehilfe, Gendiagnostik und Gentherapie, Stammzelltransplantation, Hirntod, Organtransplantation, Organspendeausweis und etlichem mehr. Als klassische Prinzipien der Medizinethik gelten nach Beauchamp und Childress seit 1977 (1) Respekt vor der Autonomie des Patienten, (2) Nicht-Schaden, (3) Fürsorge, Hilfeleistung und (4) Gleichheit und Gerechtigkeit (Tom L. Beauchamp, James F. Childress: Principles of Biomedical Ethics. 6. Aufl., Oxford University Press, 2008, ISBN 0-19-533570-8). In manchen Fällen geraten die Prinzipien in einen Konflikt miteinander, der Arzt muss abwägen, erklären, entscheiden. Die Antworten darauf, was einen guten Arzt ausmacht, sind vielfältig. (1)

Zunehmend geraten die Medizinethik und die Gesundheitsökonomie aneinander. Der Druck zu ökonomischem Handeln, zu Effizienz, Rentabilität, Gewinnmaximierung steigt - im Krankenhaus, in der Arztpraxis, im Sport. Chirurgen erhalten finanzielle Bonuszahlungen, wenn sie gewisse Operationszahlen erreichen, Sportler erhalten Goldmedaillen und Werbeverträge, wenn sie siegen. Wer bestimmt die Leitlinien ihres Handelns? Der Sportler selbst - via seiner Autonomie? Der Patient selbst - via Patientenverfügung? Die Ärzte selbst, die Ethikkommission der Bundesärztekammer? Juristen? Die Ethiker arbeiten an Antworten. Deutschland hat einen Ethikrat. Er besteht aus 26 Mitgliedern, die naturwissenschaftliche, medizinische, theologische, philosophische, ethische, soziale, ökonomische und rechtliche Belange in besonderer Weise repräsentieren. Zu seinen Mitgliedern gehören Wissenschaftlerinnen und Wissenschaftler aus den genannten Wissenschaftsgebieten; darüber hinaus gehören ihm anerkannte Personen an, die in besonderer Weise mit ethischen Fragen der Lebenswissenschaften vertraut sind. (2)

In den aktuellen Debatten um den Organtransplantationsskandal an der Uniklinik Göttingen, um die Dopingfälle bei der Olympiade in London, um die Beschneidung, den Trisomie-21-Test und die Sterbehilfe zeigt sich die praktische Brisanz der Medizinethik.

Organtransplantationen - Ärzte ohne moralische Grenzen?

Organe sind ein knappes Gut, das viele Schwerstkranke dringend brauchen. Je höher man als Betroffener auf der Warteliste für ein Spenderorgan klettert, desto größer sind die Hoffnungen der Kranken und deren Angehörigen, dass ihnen ein "neues Leben" geschenkt wird. Die Transplantationsmedizin muss verlässliche Antworten auf eine Vielzahl von ethischen und rechtlichen Fragen haben. Die Voraussetzungen für eine Organentnahme, die Kriterien der Organvergabe, die medizinisch-therapeutischen Maßnahmen und alles andere, was damit zu tun hat, müssen den Menschen offen kommuniziert und gut erklärt werden. Da darf nichts verschleiert werden, denn nach wie vor sind das Unbehagen und das Misstrauen vieler Menschen gegenüber diesem Thema groß. (3)

Nur Patienten mit drohendem oder mit schon vermutetem Hirntod können nach deutschem Transplantationsrecht Organspender werden. Genügend gespendete Organe gibt es in Deutschland nicht. Das soll sich ändern. Die Regelungen zur Entscheidungslösung treten zum 1. November 2012 in Kraft. Jeder Krankenversicherte ab dem 16. Lebensjahr soll regelmäßig befragt werden, ob er zur Organspende nach seinem Tod bereit ist. Schweigen, Verdrängen, Nichtstun wird dann schwerer. Das "Gesetz zur Änderung des Transplantationsgesetzes" trat zum 1. August 2012 in Kraft. Es stellt in Europa einheitliche Standards für die Qualität und Sicherheit der Organtransplantation her und soll für verbesserte Abläufe und Strukturen in den Krankenhäusern sorgen. So soll es in jeder Klinik einen Transplantationsbeauftragten geben. Im vergangenen Jahr zählte die Deutsche Stiftung Organtransplantation (DSO) bundesweit 1 200 Spender, sie spendeten 3 917 Organe, 4 054 Transplantationen wurden durchgeführt. [Abb. 1] (4)

Wer sich zur Organspende bereit erklärt, setzt darauf, dass dabei alles mit rechten Dingen zugeht. Er vertraut auf die Moral aller Beteiligten und darauf dass sein Organ die-/derjenige erhält, die/der es nach den definierten medizinischen Maßstäben am dringendsten benötigt. Das Vertrauen in das System und das moralisch korrekte Verhalten der Ärzte wurde durch den aktuellen Organspende-Skandal erschüttert. Nach bisherigem Erkenntnisstand wurden Laborwerte manipuliert, um Patienten auf der Warteliste vorrücken zu lassen. Ein Einzelfall? Ist nach lückenloser Aufklärung durch Polizei und Staatsanwaltschaft und der Entfernung der verantwortlichen Ärzte wieder alles in Ordnung? Oder lässt das bestehende System zu viele Schlupflöcher für Missbrauch? Muss man sich überhaupt wundern, dass das individuelle Gewinnmaximierungsstreben angeregt wird, wenn es Erfolgsbeteiligungen für Ärzte gibt, wenn sie eine bestimmte Anzahl von definierten Operationen, zum Beispiel Lebertransplantationen, übertreffen (wie im Fall Göttingen)? Gehen Provisionsregelungen bei operierenden Ärzten in Krankenhäusern mit medizinisch-ethischen Maßstäben konform? Ärzteschaft, Bundeärztekammer, Staatsrechtler, Medizinethiker und Bürger diskutieren. Wie lassen sich Manipulationsversuche verhindern? Ist das überhaupt möglich? Welche Lücken müssen geschlossen werden, damit es betuchten ausländischen Patienten nicht mehr gelingt, sich deutsche Organe zu erkaufen? Muss das gesamte bisherige Transplantationsverfahren auf den Prüfstand oder Teile davon, zum Beispiel das so genannte beschleunigte Verfahren, dessen Anteil in den letzten Jahren auffällig gestiegen ist? Wer definiert die Richtlinien zur Vergabe? In Deutschland macht das bisher die Bundesärztekammer. Brauchen wir eine zentrale Bundesbehörde für die Vergabe, so wie die Schweiz und Frankreich? Wie muss die Kontrolle verbessert werden? Wie viele Augen müssen die Organvergabe überwachen? Wie wird die Unbestechlichkeit von Ärzten und medizinischem Personal gesichert? Das Gesundheitsministerium fordert ein Sechsaugenprinzip und will am 27. August mit Vertretern aus dem Gesundheitswesen über Konsequenzen aus dem Skandal beraten. (5), (6), (7)

Seine höchstpersönliche Entscheidung muss jeder deutsche Staatsbürger über 16 Jahre künftig selbst treffen, nach seinen eigenen moralischen Grundsätzen und seinem individuellen Verhaltenskodex. Muss die eigene Bereitschaft zur Organspende nicht unabhängig davon sein, welcher Patient das Organ erhält? Ein Gesunder wird es sicher nicht sein.

Olympisches Gold - eine Frage des

perfekten Dopings?

Die olympische Goldmedaille soll die Auszeichnung für eine sportliche Höchstleistung sein, doch wenn wir an den Fernsehbildschirmen grandiose Leistungen verfolgen, regen sich zugleich Irritationen. Eine solche Leistung oder Leistungssteigerung - wie kann sie erreicht werden? Durch ausgeklügeltes Training, punktgenau abgerufen mit perfekter Motivation des Athleten? Hm. Der Glaube daran ist dem Verfolger des sportlichen Geschehens inzwischen weitgehend abhanden gekommen.

Gedopt haben schon die alten Germanen, und auch in der zu Ende gegangenen Olympiade 2012 in London war der Sport keineswegs sauber. Etliche Athleten wurden an Ort und Stelle des Dopings überführt, eine verliehene Goldmedaille wurde nachträglich aberkannt, und das dürfte nur die Spitze des Eisbergs gewesen sein. Offiziell ist Doping selbstverständlich verboten. Der Internationale Leichtathletik-Verband (IAAF) hat 1928 Doping für illegal erklärt, seit den Olympischen Spielen 1968 in Mexiko wird getestet. Es gibt eine Welt-Anti-Doping-Agentur, einen internationalen Anti-Doping-Kodex, eine kontinuierliche Arbeit an neuen Testmethoden, Trainingskontrollen, in London zusätzlich eine no-needles-policy, doch letztendlich bleibt es eine Frage der Ehre beziehungsweise der Risikobereitschaft. Die

Erwartungen an die Athleten sind enorm hoch, ganz gleich ob sie für Deutschland, die USA, Russland, China, Afrika, Jamaika oder für andere Länder starten. Goldmedaillengewinnern winken oft lukrative Werbeverträge. Manche werden zu Helden ihres Landes. Viele Sportler, Trainer und medizinisches Betreuungspersonal eingeschlossen, sind bereit, für die Auszeichnung mit einer olympischen Goldmedaille erhebliche Belastungen und Risiken zu tragen. Zeitliche Sperren nach Dopingüberführung werden in Kauf genommen, was vor allem dann nicht allzu schwer fällt, wenn die Sperre so gesetzt ist, dass sie zu den nächsten olympischen Spielen abgelaufen ist und der Sportler wieder antreten kann. Für die Kontrollen zwischen den Wettkämpfen sind die nationalen Verbände und Doping-Behörden zuständig. Da regen sich Zweifel.

Und so findet parallel zu den sportlichen Wettkämpfen immer auch ein Wettbewerb statt zwischen denjenigen, die nach den wirksamsten und unauffälligsten Dopingmitteln suchen und denjenigen, die an immer besseren Test- und Kontrollmethoden arbeiten. In diesem Spiel sind die Kontrolleure die Verfolger, wer gewinnt ist eine Frage der Raffinesse. Wer behauptet, vor seinem Wettkampf irrtümlicherweise ein mit Marihuana gebackenes Lebensmittel verspeist zu haben, ist schlichtweg dumm (ist aber in London geschehen!). Wer das

Wachstumshormon IGF-1 einsetzt, ist so gesehen intelligenter; es wird seit 15 Jahren nicht getestet und reihenweise verwendet.

Als unschuldig präsentieren sich im Sport stets alle, solange es nur irgendwie geht, wirklich ehrenhaft dürften deutlich weniger sein - doch ihnen gelte unser ganzer Respekt (auch wenns nicht zur Goldmedaille langt). (8), (9), (10)

Fallbeispiele

Beschneidung: Eine kontroverse Diskussion hat das Kölner Landgericht vor kurzem ausgelöst, als es die Beschneidung minderjähriger Jungen aus religiösen Gründen als Straftat wertete. Nun debattieren Mediziner, Politik, Religionsgemeinschaften, Juristen und Gesellschaft über den Stellenwert von Religion, elterliches Erziehungsrecht, Recht des Menschen auf Selbstbestimmung, Recht des Kindes auf körperliche Unversehrtheit und gesundheitliche Aspekte. (11)

Pränataldiagnostik: Ein neues Analyseverfahren, der Praena-Test, mit dem Trisomie 21, bekannt als Down-Syndrom, während der Schwangerschaft mittels Blutprobe der Mutter diagnostiziert werden kann, zeigt die ethische Ambivalenz des medizinischen Fortschritts. (12), (13)

Sterbehilfe: Ein Referentenentwurf des Bundesjustizministeriums zur Sterbehilfe sorgt für eine hitzige Sommerdebatte unter Ärztevertretern, Juristen, Palliativmedizinern, Kirchenvertretern und Politikern. (14)

Transplantationsskandal Göttingen: Seitdem die Untersuchungen im Zusammenhang mit dem Transplantationsfall an der Uniklinik Göttingen laufen, werden immer mehr Missstände bekannt. 1995 wurde die große Zahl der Organverpflanzungen auffällig, dann kam heraus, dass über Jahre hinweg jedes zweite Organ nach Italien ging, ins Geburtsland des Internisten; die Prüfungskommission der Bundesärztekammer hat 119 verdächtige Fälle seit 1999 gefunden; nach Angaben der Uniklinik Göttingen gab es im aktuellen Fall bei 26 von 91 Patienten, die unter Federführung des verantwortlichen Chirurgen zwischen 2010 und 2011 eine neue Leber erhalten hatten, Auffälligkeiten. (15), (6)

Organvergabe in Bayern: Bayern will bei der Organvergabe künftig ein Sechs-Augen-Prinzip und eine stichprobenartige Kontrolle durch unabhängige Experten einführen. Vor einer Transplantation sollen Ärzte aus drei verschiedenen Fachrichtungen die notwendigen Papiere unterschreiben. (16)

Ethik in der Medizin: Der Medizinethikprofessor Giovanni Maio kritisiert die gegenwärtige ökonomische Überformung der Medizin. Er gibt in seinem neuen Buch einen aktuellen Überblick zu allen wichtigen Problemfeldern der medizinischen Ethik und formuliert eine ebenso persönliche wie fundierte Kritik am Mainstream der modernen Medizin und ihrem Menschenbild, indem er Fehlentwicklungen benennt und für die Rückbesinnung auf die eigentlichen Grundanliegen des Arztseins plädiert. (Giovanni Maio: Mittelpunkt Mensch. Ethik in der Medizin. Schattauer, Stuttgart 2012, 444 Seiten, gebunden, 19,95 Euro) (17), (18)

London: Mehr als 10 000 Athleten kamen zu den Olympischen Spielen nach London, nur neun davon wurden bisher des Dopings überführt. (8)

Doping: Die Meinungen über Doping im Spitzensport gehen weit auseinander. So plädiert beispielsweise der Bioethiker und Philosoph Julian Savulescu für eine kontrollierte Freigabe leistungssteigernder Substanzen. Die deutsche Kugelstoßerin Nadine Kleinert verurteilt Doping und plädiert für drastischere und abstoßendere Strafen. Die Erfurter Staatsanwaltschaft ermittelt seit dem Frühjahr 2011 gegen einen Arzt wegen Blutdopings. Er habe Athleten geringe Mengen Blut abgenommen, sie zur Leistungssteigerung mit UV-Licht bestrahlt und das

Blut wieder zugeführt. (9), (20), (21)

Zahlen & Fakten

Abbildung 1: Organspende in Deutschland, 2010 und 2011

Tabelle 1: Organspender nach Region 2010, 2011

Region	2010 Anzahl*	2011
Nord	213	193
Nord-Ost	144	129
Ost	155	166
Bayern	192	189
Baden-Württemberg	134	115
Mitte	202	165
Nordrhein-Westfalen	256	243
Bundesweit	1.296	1.200

* Ohne Lebendspende, ohne Dominospende

Tabelle 2: Gespendete Organe nach Region 2010, 2011

Region	2010 Anzahl*	2011

Nord	729	650
Nord-Ost	447	428
Ost	468	488
Bayern	628	628
Baden-Württemberg	422	372
Mitte	707	540
Nordrhein-Westfalen	804	811
Bundesweit	4.205	3.917

* In Deutschland entnommen und später in Deutschland oder im Ausland transplantiert; ohne Lebend-

spende, ohne Dominospende, ohne Pankreas-Inseln

Tabelle 3: Durchgeführte Transplantationen nach Region 2010, 2011

	2010	2011
Region	**Anzahl***	
Nord	906	823
Nord-Ost	455	382
Ost	470	470
Bayern	651	630
Baden-Württemberg	497	481
Mitte	444	335
Nordrhein-Westfalen	903	933
Bundesweit	4.326	4.054

* Ohne Transplantationen nach Lebendspende/Dominospende, inklusive Pankreas-Inseln

Stand: 10. Januar 2012 (vorläufige Zahlen)

Quelle: Deutsche Stiftung Organtransplantation (DSO)

Entnommen aus: Das Krankenhaus, 02/20

Weiterführende Literatur

(1) Zwischen Samaritertum Und Ökonomie: Was ist ein "guter Arzt'?
aus Deutsches Ärzteblatt 51-52/108 vom 26.12.11 Seite 2758

(2) Deutscher Ethikrat. Auftrag
aus Deutsches Ärzteblatt 51-52/108 vom 26.12.11 Seite 2758

(3) Medizinethik: Behandlung potenzieller Organspender im Präfinalstadium
aus Deutsches Ärzteblatt 40/108 vom 07.10.11 Seite 2080

(4) Gesetz zur Neuregelung der Organspende tritt in

Kraft
aus Deutsches Ärzteblatt 40/108 vom 07.10.11 Seite 2080

(5) Ein ganzes System in der Krise?
aus Ärzte Zeitung Nr. 139 vom 13.08.2012, Seite 4

(6) Transplantationsskandal an der Universität Göttingen: Erschütterndes Maß an Manipulation
aus Deutsches Ärzteblatt 31-32/109 vom 06.08.12 Seite 1534

(7) »Regeln ohne Wenn und Aber«
aus DIE ZEIT, 16.08.2012 Nr. 34 Seite 032

(8) Kettenrasseln und Scheinheilige
aus Frankfurter Allgemeine Zeitung, 15.08.2012, Nr. 189, S. 23

(9) Abschreckung und alarmierte Putzkräfte
aus Frankfurter Allgemeine Zeitung, 26.07.2012, Nr. 172, S. 28

(10) Am Anfang war der Stierhoden
aus Zeit Wissen vom 05.06.2012, Nr. 4, S. 74

(11) Pro & Kontra: Religiöse Beschneidungen
aus Deutsches Ärzteblatt 31-32/109 vom 06.08.12 Seite 1538

(12) Streit um neues Analyseverfahren
aus PZ Pharmazeutische Zeitung vom 12.07.2012 Seite 40

(13) Ein neuer Bluttest auf Down-Syndrom facht die Debatte über Pränataldiagnostik neu an
aus Ärzte Zeitung Nr. 126 vom 11.07.2012, Seite 2

(14) Sterbehilfe: Sensibles Thema zur falschen Zeit
aus Ärzte Zeitung Nr. 139 vom 13.08.2012, Seite 7

(15) Auffälligkeiten bei Transplantationen schon im Jahr 1995
aus Frankfurter Allgemeine Zeitung, 30.07.2012, Nr. 175, S. 7

(16) Bayern führt für Organvergabe Sechs-Augen-Prinzip ein
aus Ärzte Zeitung Nr. 141 vom 15.08.2012, Seite 5

(17) Medizinethik: Fundierte Kritik am Mainstream
aus Deutsches Ärzteblatt 25/109 vom 22.06.12 Seite 1324

(18) Gesundheitswesen: Ärztliche Hilfe als Geschäftsmodell?
aus Deutsches Ärzteblatt 16/109 vom 20.04.12 Seite 804

(19) Bioethiker fordert offenen Markt für Doping
aus Spiegel Online, 16.07.2012

(20) Kleinert - "Doper müssten in den Knast"
aus Welt online vom 15.08.2012

(21) Solarium für Sportlerblut
aus Stuttgarter Zeitung - Stadtausgabe, 31.01.2012, S.

30

(22) D: Organspende 2010, 2011
aus Das Krankenhaus, 02/2012, S. 163

Impressum

Medizinethik - Moralisches versus ökonomisches Handeln, Vertrauen versus Kontrolle

Bibliografische Information der deutschen Nationalbibliothek

Die Deutsche Nationalbibliothek verzeichnet diese Publikation in der deutschen Nationalbibliografie; detaillierte bibliografische Daten sind im Internet über http://dnb.d-nb.de abrufbar.

ISBN: 978-3-7379-2777-2

© 2015 GBI-Genios Deutsche Wirtschaftsdatenbank GmbH, Freischützstraße 96, 81927 München, www.genios.de

Alle Rechte vorbehalten. Dieses Werk ist einschließlich aller seiner Teile – z.B. Texte, Tabellen und Grafiken - urheberrechtlich geschützt. Jede Verwertung außerhalb der Grenzen des Urheberrechtsgesetzes bedarf der vorherigen Zustimmung des Verlags. Dies gilt insbesondere auch für auszugsweise Nachdrucke, fotomechanische

Vervielfältigungen (Fotokopie/Mikroskopie), Übersetzungen, Auswertungen durch Datenbanken oder ähnliche Einrichtungen und die Einspeicherung und Verarbeitung in elektronischen Systemen.